Mike Almara

Ursprung Bibel
Band 3

Sprichwörter, die der Bibel entstammen

mit christlichen Gedichten und Gebeten

1. Auflage September 2018

Gewidmet
Jesus von Nazareth,
und
Manfred, Werner und Gertraut Matern,
sowie
allen weiteren, die uns vorangegangen sind
und nun mehr wissen,
als die Klügsten unter uns.

Die Deutsche Nationalbibliothek verzeichnet diese Publikation in der Deutschen Nationalbibliografie; detaillierte bibliografische Daten sind im Internet über http://dnb.dnb.de abrufbar.

Herstellung und Verlag:
BoD – Books on Demand, Norderstedt
ISBN: 978-3748108108

Inhaltsverzeichnis

Kapitel 2
Christliche Gedichte

Kapitel 3
Christliche Gebete für verschiedene Anlässe

Vorwort

Sprichwörter werden oft benutzt, um eine Situation mit einer bildhaft in einfacher Form festgehaltenen Erfahrung zu kommentieren. Die vor langer Zeit geprägten Sprichwörter wurden mit der Zeit zu Lebensregeln und Gemeingut im allgemeinen Sprachgebrauch. Dabei ist uns oftmals gar nicht bewusst, dass viele der heute noch im alltäglichen Leben verwendeten Sprichwörter ihren Ursprung in der Bibel haben. Das Schulwesen im Mittelalter sorgte für die Verbreitung des biblischen Schriftgutes, woraus sich schließlich ein volkstümliches Sprichwortgut entwickelte. Es erstaunt, dass bereits vor annähernd sechs Jahrtausenden formulierte Worte heute noch ihre Gültigkeit besitzen und einprägsame bildhafte Lebensregeln bieten. Der dritte Band von Ursprung Bibel beschränkt sich wiederum auf zwölf Sprichwörter, die der Bibel entstammen und stellt mit kurzen Geschichten einen Bezug zum heutigen Alltag her. Zwölf christliche Gedichte zum Lobpreis des Herrn erweitern die Beleuchtung der Sprichwörter um Betrachtungen zur Schöpfung des Herrn und des Wirkens seines Sohnes Jesus Christus. Den Abschluss bilden zwölf Gebete für verschiedene Anlässe.

Kapitel 1
Der Bibel entstammende Sprichwörter

Spruch 1:
Mir steht das Wasser bis zum Hals
Psalm 69, Vers 2

Die Experten streiten sich darüber, ob die extremen Wetterlagen bei uns an der Erderwärmung liegen oder nicht. Tatsache ist jedenfalls, dass Überschwemmungen, wie 2017 in Westmecklenburg, immense Schäden anrichten.

In den vergangenen Jahrzehnten wurden etwa 550 bis 600 Liter Niederschlag im Jahr auf einen Quadratmeter gemessen und 2017 war es bereits fast die doppelte Menge mit 1054 Litern in Melkof. Die Ernteverluste waren fatal. Das wird in den kommenden Jahren nicht besser, sondern eher noch schlechter. Der Boden ist nach solchen Regenfällen mit Wasser so gesättigt, dass kaum mehr etwas versickern kann.

Den Menschen in Westmecklenburg steht das Wasser nach solchen sintflutartigen Regenfällen buchstäblich bis zum Hals. Doch nicht nur die Bauern sind hart betroffen. Auch Privathaushalte haben in diesem Teil Mecklenburgs immer wieder mit überfluteten Kellern zu kämpfen. Zum Teil wird mit Eimern und Schneeschaufeln versucht zu verhindern, dass das Mauerwerk der Häuser nachhaltig beschädigt wird, da Pumpen in Baumärkten überall vergriffen sind.

Mit einem Generalentwässerungsplan versuchen die betroffenen Gemeinden seit 2017 Vorkehrungen gegen Überflutungen, vernässte Flächen und volllaufende Keller zu treffen, damit den Bürgern nicht jedes

Jahr »das Wasser bis zum Hals« steht.

Das Buch der Psalmen, oder auch Psalter genannt, ist eines der Weisheits- bzw. Lehrbücher des Alten Testaments. Es handelt sich um eine Sammlung von 150 Psalmen, also Gebeten und Liedern, die aus 5 Teilen besteht.

Der 69. Psalm stammt von David und ist mit der Überschrift »In Anfechtung und Schmach« überschrieben. David beginnt mit den Worten: »Gott, hilf mir. Denn das Wasser geht mir bis an die Kehle.«

Davon leitet sich das Sprichwort ab: »Mir steht das Wasser bis zum Hals.« Um die Tragweite dieser Aussage zu erkennen, müssen wir den Psalm in seiner Gesamtheit sehen.

Deshalb wird er hier wörtlich wiedergegeben: »Gott, hilf mir. Denn das Wasser geht mir bis an die Kehle. Ich versinke in tiefem Schlamm, wo kein Grund ist; ich bin in tiefe Wasser geraten, und die Flut will mich ersäufen. Ich habe mich müde geschrien, mein Hals ist heiser. Meine Augen sind trübe geworden, weil ich so lange harren muss auf meinen Gott. Die mich ohne Grund hassen, sind mehr, als ich Haare auf dem Haupt habe. Die mir zu Unrecht feind sind und mich verderben wollen, sind mächtig. Ich soll zurückgeben, was ich nicht geraubt habe. Gott, du kennst meine Torheit, und meine Schuld ist dir nicht verborgen. Lässt an mir nicht zuschanden werden, die deiner harren, Herr, Herr Zebaoth. Lässt an mir nicht schamrot werden, die dich suchen, Gott Israels. Denn um deinetwillen trage ich Schmach, mein Angesicht ist voller Schande. Ich bin fremd geworden meinen Brüdern und unbekannt den Kindern meiner Mutter; denn der Eifer um dein Haus hat mich gefressen und die Schmähungen derer, die dich schmähen, sind auf mich gefallen. Ich weine bitterlich und faste, und man spottet meiner dazu. Ich habe einen Sack angezogen, aber sie treiben ihren Spott mit mir. Die im Tor sitzen, schwatzen von mir und beim Zechen singt man von mir. Ich aber bete zu dir, Herr, zur Zeit der Gnade; Gott, nach deiner großen Güte erhöre mich mit deiner treuen Hilfe. Errette mich aus dem Schlamm, dass ich nicht versinke, dass ich errettet werde vor denen, die mich hassen, und aus den tiefen Wassern; dass mich die Flut nicht ersäuft und die Tiefe nicht verschlingt und das Loch des Brunnens sich nicht über mir schließe. Erhöre mich, Herr, denn deine Güte ist tröstlich; wende dich zu mir nach deiner großen Barmherzigkeit und verbirg dein Angesicht nicht vor deinem Knechte, denn mir ist Angst; erhöre mich eilends. Nahe dich zu meiner Seele und erlöse sie, erlöse mich um meiner Feinde Willen. Du kennst meine Schmach, meine Schande und Scham; meine Widersacher sind dir alle vor Augen. Die Schmach bricht mir mein Herz und macht mich krank. Ich warte, ob jemand Mitleid habe, aber da ist niemand, und auf Tröster, aber ich finde keine. Sie geben mir Galle zu essen und Essig zu trinken für meinen Durst. Ihr Tisch werde ihnen zur Falle, zur Vergeltung und zum Strick. Ihre Augen sollen finster werden, dass sie nicht sehen, und ihre Hüften lass immerfort wanken. Gieß deine Ungnade über sie aus, und dein grimmiger Zorn ergreife sie. Ihre Wohnstatt soll verwüstet werden, und niemand wohne in ihren Zelten. Denn sie verfolgen, den du geschlagen hast, und reden gern von dem Schmerz dessen, den du hart getroffen hast. Lässt sie aus einer Schuld in die andere fallen, dass sie nicht kommen zu deiner Gerechtigkeit. Tilge sie aus dem Buch des Lebens, dass sie nicht geschrieben stehen bei den Gerechten. Ich aber bin elend und voller Schmerzen. Gott, deine Hilfe schütze mich. Ich will den Namen Gottes loben mit einem Lied und will ihn hoch ehren mit Dank. Das wird dem Herrn besser gefallen als ein Stier, der Hörner und Klauen hat. Die Elenden sehen es und freuen sich, und die Gott suchen, denen wird das Herz aufleben. Denn der Herr hört die Armen und verachtet seine Gefangenen nicht. Es lobe ihn Himmel und Erde, die Meere mit allem, was sich darin regt. Denn Gott wird Zion helfen und die Städte Judas bauen, dass man dort wohne und sie besitze. Und die Kinder seiner Knechte werden sie erben, und die seinen Namen lieben werden darin bleiben.«

Spruch 2:
Der verlorene Sohn
Lukas, Kapitel 15, Vers 11 - 32

Der 17jährige Lennox war ein Kind aus gutem Hause.
Da seine Eltern millionenschwere Unternehmer waren, lebte er in Saus und Braus. Er ging nicht mehr zur
Schule, feierte ständig Party, konsumierte Drogen,
lebte sexuell freizügig, und beging einige Jugendsünden, bis ihn sein Vater vor die Tür setzte und den Geldhahn zudrehte. Nur seine Mutter steckte ihm heimlich
etwas zu, damit er nicht hungern musste.

Wie jeden Abend, seit er in Hamburg lebte, ging
Lennox ins Spielcasino, ging zu einem der Automaten
und spielte ein paar Runden. Nachdem er alles, was
ihm seine Mutter gegeben hatte, verspielt hatte, erinnerte er sich an die Zeit, in der alles anders war. Damals lebte er als wohlhabender Sohn eines erfolgreichen Bauunternehmers und hätte sich niemals Sorgen
um Geld machen müssen.

Er belog seine Mutter und gab vor, in Hamburg
studieren zu wollen, doch in Wahrheit verzockte er
sein ganzes Geld.

Lennox ging mit leeren Taschen vom Casino nach
Hause, wo sein Vermieter schon auf ihn wartete mit
der Kündigung wegen seinem Mietrückstand.

Da Lennox die Miete nicht bezahlen konnte, war
er gezwungen, Hamburg zu verlassen und zu seinen
Eltern nach Köln zurück zu kehren. Ohne ein Ticket
gekauft zu haben, stieg er in den nächsten Zug und
schloss sich in der Zugtoilette ein.

In Köln angekommen klingelte er an der Haustür
seiner Eltern und fiel seinem Vater in die Arme. »Va-

ter, ich habe Mist gebaut und verstehe es, wenn du mich deshalb verstößt«, schluchzte Lennox.

»Ach woher, ich bin doch froh, dass du wieder da bist«, erwiderte der Vater. »Alles, was zählt, ist, dass Gott dich gesund zu mir geführt hat. Komm herein und jetzt feiern wir erst mal deine Rückkehr mit einer großen Party!«

Der Vater rief seinen älteren Sohn Torsten, um ihm die Heimkehr seines Bruders zu verkünden. Der reagierte jedoch unwirsch: »Lennox hat das ganze Geld ausgegeben, das ihm Mutter gegeben hatte und jetzt schmeißt du für ihn eine Party, während ich hart für dich arbeite? Das hat er nicht verdient! Für ihn bestellst du Schampus und Hummer, anstatt ihn für seine Fehler zu bestrafen!«, beschwerte er sich.

»Du bist auch mein Sohn, und wirst es immer sein. Alles, was mir gehört, gehört auch dir! Dein Bruder war tot und ist wieder lebendig geworden, er war verloren und ist wiedergefunden!«, entgegnete der Vater.

»Da hast du schon recht, Vater. Es tut mir leid. Der verlorene Sohn, das ist biblisch!«, erkannte Torsten und umarmte seinen Bruder.

Das Gleichnis vom verlorenen Sohn dürfte wohl mit eins der bekanntesten Gleichnisse Jesu aus der Bibel sein. Wir finden es im 15 Kapitel des Lukasevangeliums in den Versen 11 – 32.

Bevor wir uns dem daraus resultierenden Sprichwort zuwenden wollen, sei jedoch noch kurz auf die Verse 1 -10 dieses Kapitels verwiesen.

Hierbei handelt es sich um das Gleichnis vom verlorenen Schaf und von der verlorenen Drachme.

Ohne hier näher auf den Inhalt eingehen zu wollen, ist daraus ersichtlich, dass offenbar alle Zöllner und Sünder zu Jesus kamen, um ihm zuzuhören.

Auch die Pharisäer und Schriftgelehrten befanden sich unter den Zuhörern.

Jesus erzählte nun von einem Mann, der zwei Söhne hatte. Der jüngere Sohn forderte vorzeitig den ihm zustehenden Erbteil von seinem Vater. Bei zwei Söhnen bekam der ältere zwei Drittel des Vermögens (in der Regel den Hof), der jüngere ein Drittel. Der jüngere Sohn hatte so die Möglichkeit sich den Erbteil auszahlen zu lassen, um damit evtl. im Ausland eine Existenz zu gründen. Sein Vater zahlte ihm also das Erbe aus.

Der Sohn machte sich dann in ein fernes Land auf, wo er ein zügelloses Leben führte und sein Vermögen verschleuderte. Als eine große Hungersnot über dieses Land kam, ging es ihm sehr schlecht. Deshalb überwand er sich und ging zu einem Bauern, der ihm einen Job als Schweinehirte gab. Der Hunger plagte ihn so sehr, dass er sogar in Erwägung zog, von dem Schweinefutter zu essen.

Da fiel ihm ein, wie viele Arbeiter sein Vater hatte, die mehr als genug zu essen hatten, während er vor Hunger fast dem Tode nahe war.

Er fasste deshalb den Entschluss zu seinem Vater zurück zu gehen, um ihn um Vergebung zu bitten.

Er wollte ihm sagen, das er nicht mehr wert sei sein Sohn zu sein und er solle ihn zu einem seiner Arbeiter machen.

Er machte sich also auf den Weg und sein Vater hatte tatsächlich Mitleid mit ihm, und umarmte und küsste ihn. Anlässlich seiner Rückkehr veranstaltete er ein großes Fest, bei dem nur die besten kulinarischen Köstlichkeiten auf den Tisch kamen. Ebenso machte er ihm Geschenke.

Der Vater sagte: »Mein Sohn war tot und lebt wieder, er war verloren und ist wiedergefunden worden.« (Lukas, Kapitel 15, Vers 24). Sein Bruder befand sich zu dieser Zeit noch auf dem Feld.

Als er hinging, hörte er schon von Weitem das Fest. Er fragte einen anderen Arbeiter, was denn dort los sei. Dieser erzählte ihm von der frohen Botschaft. Er jedoch wurde zornig und wollte an dem Fest nicht teilnehmen.

Sein Vater wollte ihn beschwichtigen.

Da erwiderte der Sohn: »Soviel Jahre habe ich treu für dich gearbeitet und du hast nicht einmal ein Essen für mich gegeben. Kaum ist der hier gekommen, der dein Geld mit leichten Mädchen durchgebracht hat, machst du für ihn ein Fest.«

Er verstand die Reaktion seines Vaters nicht und fühlte sich ungerecht behandelt.

Der Vater jedoch antwortete ihm: »Mein Sohn, du warst immer bei mir und alles, was mein ist, ist auch dein. Aber jetzt müssen wir uns freuen und ein Fest feiern.« (Lukas, Kapitel 15, Vers 31 - 32)

Der verlorene Sohn war wieder heimgekehrt.

MM 2017

Spruch 3:
Ein Herz und eine Seele
Apostelgeschichte, Kapitel 4, Vers 32

Jemand, der in den 70er Jahren des letzten Jahrhunderts Fernsehserien sah, wird bei »Ein Herz und eine Seele« wohl zuerst an die satirische TV-Serie mit Ekel Alfred denken und nicht an einen Bibelvers. Die ordinäre Sprache und die manchmal plump-derben Gags der Familienmitglieder dieser Serie brachten dem WDR bei der Erstausstrahlung herbe Kritik ein.

Insbesondere dem damals von Diether Krebs gespielten Sohn Michael gelang es mit intellektuellen Sprüchen den Egozentriker Alfred immer wieder ausrasten zu lassen.

Der Autor und Regisseur der Fernsehserie Wolfgang Menge hatte den biblischen Spruch, der für die Gemeinde gilt, auf die Familie übertragen.

Eine christliche Gemeinde besteht aus ganz unterschiedlichen Menschen, die miteinander gemeinsam haben, dass sie an Jesus Christus glauben und mit ihm leben wollen. In der Bibel werden die unterschiedlichsten Bilder gebraucht, um zu beschreiben, was Gemeinde ist. Doch für die Familie gibt es ein solches Bild nicht.

Die Gemeinde ist die Idee Gottes und sein Geschenk an uns. Alle biblischen Aussagen über die Gemeinde befassen sich weder mit dem menschlichen Miteinander noch mit den Aufgaben, sondern beschreiben die Abhängigkeit der Gemeinde vom lebendigen Gott, der in und durch seine Gemeinde verherrlicht wird.

Die Gemeinde ist für Gott da. Sie ist der Leib

Christi, der Tempel des Heiligen Geistes und das Volk Gottes. Gemeinde lebt aus dieser Zuordnung zum dreieinigen Gott. Bei der Familie fehlt zunächst die Zuordnung zu Gott, da das menschliche Miteinander dabei im Vordergrund steht.

Doch die Familie ist zunächst einmal die kleinste Gemeinschaft, die sich idealerweise im Glauben untereinander stärkt und daher die Basis einer funktionierenden Gemeinde bildet.

Früher war eine Familie auch tatsächlich Basis einer geordneten Gesellschaft. Heute ist das leider anders. Die allgemeinen Auflösungstendenzen haben auch vor dieser kleinsten Zelle der Nation nicht haltgemacht. Nicht allein auf sich gestellt sollten die Familienmitglieder den Lebenskampf bestreiten, sondern als harmonische Gemeinschaft - als »Ein Herz und eine Seele«.

Dieses Sprichwort findet sich in der Apostelgeschichte des Lukas, der Arzt war. In Kapitel 1 berichtet er von der Christi Himmelfahrt, in dem auch die Nachwahl des zwölften Apostels beschrieben wird.

In Kapitel 2 berichtet er über das Pfingstwunder und die Pfingstpredigt des Petrus, sowie über die erste Gemeinde, die Urgemeinde.

In Kapitel 3 beschäftigt er sich mit der Geschichte der Heilung eines Gelähmten.

In Kapitel 4 erzählt er, wie Petrus und Johannes vor dem Hohen Rat waren und über das Gebet der Gemeinde.

Im letzten Abschnitt dieses Kapitels lesen wir dann von der Gütergemeinschaft der ersten Christen.

Dieser Abschnitt beginnt mit den Worten: »Die Menge der Gläubigen aber war ein Herz und eine Seele.«

Auch nicht einer sagte von seinen Gütern, dass sie sein wären, sondern es war ihnen alles gemeinsam.

Und mit großer Kraft bezeugten die Apostel die Auferstehung des Herrn Jesus, und große Gnade war bei ihnen allen.

Es war auch keiner unter ihnen, der Mangel hatte; denn wer von ihnen Äcker oder Häuser besaß, verkaufte sie und brachte das Geld für das Verkaufte und legte es den Aposteln zu Füßen; und man gab einem jeden, was er nötig hatte.

Josef aber, der von den Aposteln Barnabas genannt wurde - das heißt übersetzt: Sohn des Trostes, ein Levit, aus Zypern gebürtig -, der hatte einen Acker und verkaufte ihn und brachte das Geld und legte es den Aposteln zu Füßen.

Allerdings gab es leider auch das Beispiel in Kapitel 5 über Hananias und Saphira in dem geschrieben steht was passieren konnte, wenn man versuchte die Gemeinschaft zu betrügen.

Hier lesen wir: »Ein Mann aber mit Namen Hananias samt seiner Frau Saphira verkauften einen Acker, doch er hielt mit Wissen seiner Frau etwas von dem Geld zurück und brachte nur einen Teil und legte ihn den Aposteln zu Füßen.«

Petrus aber sprach: »Hananias, warum hat der Satan dein Herz erfüllt, dass du den heiligen Geist belogen und etwas vom Geld für den Acker zurückbehalten hast? Hättest du den Acker nicht behalten können, als du ihn hattest? Und konntest du nicht auch, als er verkauft war, noch tun, was du wolltest? Warum hast du dir dies in deinem Herzen vorgenommen? Du hast nicht Menschen, sondern Gott belogen.«

Als Hananias diese Worte hörte, fiel er zu Boden

und gab den Geist auf. Und es kam eine große Furcht über alle, die dies hörten.

Da standen die jungen Männer auf, deckten ihn zu und trugen ihn hinaus und begruben ihn.

Es begab sich nach einer Weile, da kam seine Frau herein und wusste nicht, was geschehen war.

Aber Petrus sprach zu ihr: »Sag mir, habt ihr den Acker für diesen Preis verkauft?«

Sie sprach: »Ja, für diesen Preis.«

Petrus aber sprach zu ihr: »Warum seid ihr euch denn einig geworden, den Geist des Herrn zu versuchen? Siehe, die Füße derer, die deinen Mann begraben haben, sind vor der Türe und werden auch dich hinaustragen.«

Und sogleich fiel sie zu Boden, ihm vor die Füße, und gab den Geist auf. Da kamen die jungen Männer und fanden sie tot, trugen sie hinaus und begruben sie neben ihrem Mann.

Und es kam eine große Furcht über die ganze Gemeinde und über alle, die das hörten.

Spruch 4:
Die Spreu vom Weizen trennen
Matthäus, Kapitel 3, Vers 12

Ein Müller verarbeitet heutzutage Getreide zu unterschiedlichen Produkten. Dabei muss er auch Maschinen und Computer bedienen können, denn vieles läuft heute automatisch.

Die Qualitätskontrolle bleibt ihm noch. Dabei nimmt er eine Hand voll Weizen, riecht daran und kontrolliert das Aussehen der Körner. So verschafft er sich den ersten Eindruck von der Qualität des Getreides und kann dabei Insektenbefall auf den ersten Blick erkennen. Weitere Analysen werden dann im Labor durchgeführt. Erst wenn die gute Qualität des Getreides durch sämtliche Untersuchungen bestätigt wird, kann das Getreide im Silo abgeladen werden.

Immer wieder entnimmt der Müller während des Mahlprozesses Gemahlenes, um die Qualität zu prüfen. Getreide verändert sich durch viele Umwelteinflüsse, wie das Wetter. Deshalb muss immer wieder der Zustand des Getreides kontrolliert und buchstäblich die Spreu vom Weizen getrennt werden.

Das Trennen von Dingen kennen schon Kinder aus ihrem Kinderzimmer, wenn zu viel altes Spielzeug, mit dem sie schon lange nicht mehr spielen, herumliegt. Dann muss erst einmal aussortiert und vielleicht auf dem Flohmarkt ein paar Sachen verkauft werden. Im Büro sind es alte Broschüren und Ordner und im Keller Utensilien, die kein Mensch mehr benutzen will.

Jeder kennt dieses Mitschleppen von Dingen, die man nicht mehr braucht, Belastendes, Lästiges und

Unnötiges. Auch alte Gewohnheiten, die nicht gut tun, Freundschaften, die schon lange keine mehr sind, sowie Glaubensvorstellungen, von denen wir gar nicht mehr wissen, woher sie kommen, die uns aber Angst machen oder unverständlich sind.

Damit etwas neues Platz hat, müssen wir uns von etwas trennen. Dennoch fällt es uns schwer, uns zu trennen und zu spüren, wie gut es tut, diese Lasten los zu werden, das Belastende, Lästige und Unnötige. Denn man muss nicht alles behalten, was man bekommt oder auch erntet. Man kann sich auch wieder davon trennen, wie die Spreu vom Weizen.

Dieses Sprichwort findet sich im Matthäus Evangelium in Kapitel 3, Vers 12. Hier geht es nicht um eine Lehre Jesu, sondern um die Bußpredigt Johannes des Täufers.

Zu der Zeit kam Johannes der Täufer, predigte in der Wüste von Judäa und sprach: »Tut Buße, denn das Himmelreich ist nahe herbeigekommen.«

Denn dieser ist's, von dem der Prophet Jesaja gesprochen und gesagt hat (Jesaja 40,3): es ist eine Stimme eines Predigers in der Wüste: »Bereitet dem Herrn den Weg und macht eben seine Steige.«

Er aber, Johannes, hatte ein Gewand aus Kamelhaaren an und einen ledernen Gürtel um seine Lenden; seine Speise aber waren Heuschrecken und wilder Honig.

Da ging zu ihm hinaus die Stadt Jerusalem und ganz Judäa und alle Länder am Jordan und ließen sich taufen von ihm im Jordan und bekannten ihre Sünden.

Als er nun viele Pharisäer und Sadduzäer sah zu seiner Taufe kommen, sprach er zu ihnen: »Ihr Schlangenbrut, wer hat denn euch gewiss gemacht, dass ihr dem künftigen Zorn entrinnen werdet? Seht zu, bringt rechtschaffene Frucht der Buße. Denkt nur nicht, dass ihr bei euch sagen könntet: Wir haben Abraham zum Vater. Denn ich sage euch: »Gott vermag dem Abraham aus diesen Steinen Kinder zu erwecken.« Es ist schon die Axt den Bäumen an die Wurzel gelegt. Darum: jeder Baum, der nicht gute Früchte bringt, wird abgehauen und ins Feuer geworfen. Ich taufe euch mit Wasser zur Buße, der aber nach mir kommt ist stärker als ich, und ich bin nicht wert, ihm die Schuhe zu tragen; der wird euch mit dem heiligen Geist und mit Feuer taufen. Er hat seine Wortschaufel in der Hand; er wird seine Tenne fegen und seinen Weizen in die Scheune sammeln; aber die Spreu wird er verbrennen mit unauslöschlichem Feuer.

Spruch 5:
Das Land, wo Milch und Honig fließt
2. Mose, Kapitel 3, Vers 8 und 17

Als sprichwörtliche Redewendung ist es wohl bekannt, das Land, wo Milch und Honig fließt. Doch wo liegt dieses Land?

Zunächst wohl im Reich der Fantasie, als unerreichbares Ziel einer tiefen Sehnsucht nach Freiheit und Wohlstand. In Ägypten lebten schon zu biblischen Zeiten Menschen unter erbärmlichen politischen und sozialen Verhältnissen und viele leben heute noch so. Gott rettete Menschen, indem er sie aus diesem Staat hinaus führte in ein Land, wo »Milch und Honig fließt«.

Irgendwann landete das Volk tatsächlich im Land Israel, wo man gut leben kann, von seiner Hände Arbeit, von Getreide, Trauben, Ziegenmilch und Bienenhonig. Hier fließt buchstäblich Milch und Honig.

Auch alle Deutschen leben in der Bundesrepublik in einem Land, wo Milch und Honig fließt. Nicht nur beim Erntedankfest kann man über den unvorstellbaren Reichtum unseres Landes staunen.

Und nicht nur an Ernte ist unser Land reich, sondern auch an politischer Freiheit, die hier herrscht, an einem Rechtssystem, das in den allermeisten Fällen seinem Namen Ehre macht. Das ist nicht selbstverständlich. Darum haben wir die große Verantwortung, diese Freiheit zu bewahren für alle, die mit uns hier wohnen, egal woher sie kommen.

Wir sollten dabei auch unsere Annehmlichkeiten teilen mit denen, die wirklich leiden – sei es an Hunger und Durst oder an Verfolgung und Unterdrückung, damit irgendwann einmal für alle Menschen Milch und Honig fließt.

Das 2. Buch Mose, griechisch »Exodus« genannt, ist das zweite Buch des Alten Testaments und gleichzeitig das zweite Buch der Bibel. Der griechische Name Exodus leitet sich vom »Auszug« ab, hier ist der Auszug der Israeliten und der dortigen Sklaverei gemeint.

Zentrales Thema des Buches ist der Bund Gottes mit dem Volk Israel.

Es beginnt mit dem 1. Kapitel, Israels Bedrückung in Ägypten, dem 2. Kapitel, Moses Geburt und wunderbare Errettung und seiner Flucht nach Midian.

Das 3. Kapitel befasst sich mit der Berufung Moses. Hier lesen wir, dass Mose die Schafe seines Schwiegervaters Jitro hütete.

Dabei kam er an den Berg Horeb. Dort erschien ihm der Engel des Herrn in einer feurigen Flamme aus dem Dornbusch.

Seltsam war, dass der Busch im Feuer brannte und doch nicht verzehrt wurde. Das wollte sich Mose dann doch etwas näher ansehen.

Da rief Gott ihn aus dem Busch an und sprach: »Mose, Mose.«

Mose antwortete: »Hier bin ich.«

Gott sprach: »Tritt nicht herzu, ziehe deine Schuhe von deinen Füßen, denn der Ort darauf du stehst, ist heiliges Land.«

Und er sprach weiter: »Ich bin der Gott deines Vaters, der Gott Abrahams, der Gott Isaaks und der Gott Jakobs«.

Mose verhüllte sein Angesicht; denn er fürchtete sich, Gott anzuschauen.

Und der Herr sprach: »Ich habe das Elend meines

Volks in Ägypten gesehen und ihr Geschrei über ihre Bedränger gehört; ich habe ihre Leiden erkannt. Und ich bin hernieder gefallen, dass ich sie errette aus der Ägypter Hand und sie herausführe aus diesem Lande in ein gutes und weites Land, in ein Land, darin Milch und Honig fließt, in das Gebiet der Kanaaniter, Hethiter, Amoriter, Perisiter, Hiwiter und Jebusiter. Weil denn nun das Geschrei der Israeliten vor mich gekommen ist und ich dazu ihre Not gesehen habe, wie die Ägypter sie bedrängen, so geh nun hin, ich will dich zum Pharao senden, damit du mein Volk, die Israeliten, aus Ägypten führst.«

Mose sprach zu Gott: »Wer bin ich, dass ich zum Pharao gehe und führe die Israeliten aus Ägypten?«

Er sprach: »Ich will mit dir sein. Und das soll dir das Zeichen sein, dass ich dich gesandt habe: Wenn du mein Volk aus Ägypten geführt hast, werdet ihr Gott opfern auf diesem Berge.

Mose sprach zu Gott: »Siehe, wenn ich zu den Israeliten komme und spreche zu ihnen: Der Gott eurer Väter hat mich zu euch gesandt. Und sie mir sagen werden: Wie ist sein Name?, was soll ich ihnen sagen?«

Gott sprach zu Mose: »Ich werde sein, der ich sein werde.« Und sprach: »So sollst du zu dem Israeliten sagen: Ich werde sein, der hat mich zu euch gesandt.«

Und Gott sprach weiter zu Mose: »So sollst du zu dem Israeliten sagen: »Der Herr, der Gott eurer Väter, der Gott Abrahams, der Gott Isaaks, der Gott Jakobs, hat mich zu euch gesandt. Das ist mein Name auf ewig, mit dem man mich anrufen soll von Geschlecht zu Geschlecht. Darum geh hin und versammle die Ältesten von Israel und sprich zu ihnen: »Der Herr, der

Gott eurer Väter, ist mir erschienen, der Gott Abrahams, der Gott Isaaks, der Gott Jakobs, und hat gesagt: »Ich habe mich euer angenommen und gesehen, was euch in Ägypten widerfahren ist«, und habe gesagt: »Ich will euch aus dem Elend Ägyptens führen in das Land der Kanaaniter, Hetiter, Amoriter, Perisiter, Hiwiter und Jebusiter, in das Land, darin Milch und Honig fließt. Und sie werden auf dich hören. Danach sollst du mit den Ältesten Israels hineingehen zum König von Ägypten und zu ihm sagen: »Der Herr, der Gott der Hebräer, ist uns erschienen. So lass uns nun gehen drei Tagesreisen weit in die Wüste, dass wir opfern dem Herrn, unserem Gott. Aber ich weiß, dass euch der König von Ägypten nicht wird ziehen lassen, er werde denn gezwungen durch eine starke Hand. Daher werde ich meine Hand ausstrecken und Ägypten schlagen mit all den Wundern, die ich darin tun werde. Danach wird er euch ziehen lassen. Auch ich will diesem Volk Gunst verschaffen bei den Ägyptern, dass, wenn ihr auszieht, ihr nicht leer auszieht, sondern jede Frau soll sich von ihrer Nachbarin und Hausgenossin silbernes und goldenes Geschmeide und Kleider geben lassen. Die sollt ihr euren Söhnen und Töchtern anlegen und von den Ägyptern als Beute nehmen.«

Spruch 6:
Ein Buch mit sieben Siegeln
Offenbarung, Kapitel 5

Horst Weisbrich starb eines gewaltsamen Todes.
Rund 150 Menschen waren bei seiner Beerdigung.
Am Grab gab es keine Tränen. Für die Anteilnehmen-
den war das Mordopfer offenbar ebenso ein Rätsel,
wie der Fall für die Polizei. Einige Kollegen kamen
mit dem Bus aus Fürstenfeldbruck, um den Gemein-
debediensteten auf seinem letzten Weg zu begleiten.
Vor neun Tagen wurde er ermordet in seinem Haus in
Maisach aufgefunden. Weisbrich hatte den Nachbarn
keinen Kontakt erlaubt.

Eine Kollegin liest Horst Weisbrichs beruflichen
Werdegang vor, wann und wie oft er befördert wurde.
Ihre kurze Rede endet damit, dass sie ohne Emotionen
bekundet, dass man erschüttert sei, da man sich stets
auf ihn verlassen konnte. Er sei ein netter Kollege gewesen und er werde fehlen. Das war das Persönlichs-
te, was an dem Tag über das Opfer gesagt wurde. An-
scheinend sang und betete die Trauergemeinde für einen Unbekannten. Einer der Kränze, trägt den Schrift-
zug: »Ruhe in Frieden, deine Arbeitskollegen«.

Der Pfarrer in der Dorfkirche sagte zum Schluss
seiner Trauerrede: »Keiner kannte sein Leben. Hier
versagen die Worte. Für uns war der Verstorbene ein
Buch mit sieben Siegeln. Lasst uns hoffen und beten,
dass er für Jesus Christus kein Unbekannter war.«

Die Offenbarung des Johannes, oder auch »Apokalyp-
se« genannt, was aus dem Griechischen kommt und
»Enthüllung« bedeutet, ist das letzte Buch des Neuen

Testaments. Der Verfasser ist der Apostel Johannes. Sie ist in Form eines Briefes verfasst. Er richtet sich in den sieben Sendschreiben an sieben Gemeinden in Kleinasien.

Johannes »empfing« die Offenbarung in der Verbannung auf der Insel Patmos. Die sieben Gemeinden sind Ephesus, Smyrna, Pergamon, Thyatira, Sardes, Philadelphia und Laodizea.

Die Offenbarung dürfte gegen 70 n. Chr. entstanden sein. Sie enthüllt Dinge, die vorher noch verborgen waren, und offenbart Ereignisse, die erst nach der Offenbarung geschehen würden. Das Kapitel 5 der Offenbarung ist überschrieben mit: »Das Buch mit den sieben Siegeln.«

Hierzu lesen wir nun folgendes, was Johannes in der »Ich-Form« beschrieben hat: Und ich sah in der rechten Hand dessen, der auf dem Thron saß, ein Buch, beschrieben innen und außen, versiegelt mit sieben Siegeln.

Und ich sah einen starken Engel, der rief mit großer Stimme: »Wer ist würdig, das Buch aufzutun und seine Siegel zu brechen?« Und niemand, weder im Himmel noch auf Erden noch unter der Erde, konnte das Buch auftun und hineinsehen.Und ich weinte sehr, weil niemand für würdig befunden wurde, das Buch aufzutun und hineinzusehen.

Und einer von den Ältesten spricht zu mir: »Weine nicht. Siehe, es hat überwunden der Löwe aus dem Stamme Juda, die Wurzel Davids, aufzutun das Buch und seine sieben Siegel. Und ich sah mitten zwischen dem Thron und den vier Gestalten und mitten unter den Ältesten ein Lamm stehen, wie geschlachtet; es hatte sieben Hörner und sieben Augen, das sind die sieben Geister Gottes, gesandt in alle Lande. Und es kam und nahm das Buch aus der Hand dessen, der auf dem Thron saß. Und als es das Buch nahm, da fielen die vier Gestalten und die vierundzwanzig Ältesten nieder vor dem Lamm und ein jeder hatte eine Harfe und goldene Schalen voll Räucherwerk, das sind die Gebete der Heiligen, und sie sangen ein neues Lied: Du bist würdig, zu nehmen das Buch und aufzutun seine Siegel; denn du bist geschlachtet und hast mit deinem Blut Menschen für Gott erkauft aus allen Stämmen und Sprachen und Völkern und Nationen und hast sie unserm Gott zu Königen und Priestern gemacht, und sie werden herrschen auf Erden. Und ich sah, und ich hörte eine Stimme vieler Engel um den Thron und um die Gestalten und um die Ältesten her, und ihre Zahl war vieltausendmal tausend; die sprachen mit großer Stimme: Das Lamm, das geschlachtet ist, ist würdig, zu nehmen Kraft und Reichtum und Weisheit und Stärke und Ehre und Preis und Lob. Und jedes Geschöpf, das im Himmel ist und auf Erden und unter der Erde und auf dem Meer und alles, was darin ist, hörte ich sagen: »Dem der auf dem Thron sitzt, und dem Lamm sei Lob und Ehre und Preis und Gewalt von Ewigkeit zu Ewigkeit.« Und die vier Gestalten sprachen: Amen. Und die Ältesten fielen nieder und beteten an.«

Spruch 7:
Auf Sand gebaut haben
Matthäus, Kapitel 6, Vers 26

Sand ist ein wichtiger Rohstoff für die Bauindustrie. Doch Sand ist nicht gleich Sand. Sogar Wüstenstaaten müssen Sand importieren, da es auf die Qualität der Körner ankommt. Weltweit gibt es einen riesigen Bedarf an Sand, etwa 14 Milliarden Tonnen pro Jahr. Doch die Sandvorräte sind begrenzt, daher gilt Sand nach Wasser als wichtigster Rohstoff überhaupt. Allein in Deutschland werden pro Jahr über 239 Millionen Tonnen Sand und Kies verbaut.

Um immer neue Gebäude entstehen zu lassen, braucht es vor allem Sand. Doch es wird nicht nur mit Sand, sondern buchstäblich auf Sand gebaut, wie in Dubai. Dort finden die absurden Riesenbauten keine Abnehmer mehr, es wird viel auf Pump und auf Sand gebaut. Die Kreditströme kamen 2008 in der Finanzkrise zum Erliegen. Ohne die schnelle Hilfe aus dem Nachbaremirat Abu Dhabi hätte Dubai damals die Kurve niemals bekommen, doch die Gelder werden langfristig in den Sand gesetzt und versickern, wie das Erdöl, das bald zur Neige geht.

Im Matthäus Evangelium lesen wir über einige Lehren Jesu, die sich mit dem Töten, dem Ehebruch, dem Vergelten, der Feindesliebe, dem Almosengeben, dem Beten (das Vaterunser), dem Fasten und den Sorgen und dem Richtgeist, sowie dem Tun des göttlichen Willens, beschäftigen.

Ab Kapitel 7, Vers 24 lesen wir über den Hausbau Folgendes:»Darum, wer diese meine Rede hört und tut sie, der gleicht einem klugen Mann, der sein Haus auf Fels baute. Als nun ein Platzregen fiel und die Wasser kamen und die Winde wehten und stießen an das Haus, fiel es doch nicht ein; denn es war auf Fels gegründet.Und wer diese meine Rede hört und tut sie nicht, der gleicht einem törichten Mann, der sein Haus auf Sand baute. Als nun ein Platzregen fiel und die Wasser kamen und die Winde wehten und stießen an das Haus, da fiel es ein, und sein Fall war groß.«

Und es begab sich, als Jesus diese Rede vollendet hatte, dass sich das Volk entsetzte über seine Lehre; denn er lehrte sie mit Vollmacht und nicht wie ihre Schriftgelehrten.

Spruch 8:
Auge um Auge, Zahn um Zahn
2. Mose, Kapitel 21, Vers 24

In den USA wurden innerhalb von 24 Stunden drei Verurteilte per Giftspritze in den Tod befördert. Einem Vater drohte nach dem grausamen Hitzetod seines Sohnes ebenfalls die Hinrichtung. In Ägypten sollen zwölf Muslimbrüder hingerichtet werden, nachdem es dort schon mehrfach zu Massenhinrichtungen von Islamisten kam. Im Iran erwartet eine Kinderbraut, die ihren gewalttätigen Ehemann umgebracht haben soll, die Todesstrafe.

Als in einer TV-Talkshow mit hohen us-amerikanischen Politikern die Tötung von Osama bin Laden diskutiert wird, sieht man einen Graben zwischen den Kontinenten, wenn es um Leben und Tod geht, um die elementare Frage, wer wem das Leben nehmen darf. Bei diesem Punkt sprechen Deutsche und Amerikaner, die mit der Tötung bin Ladens die »Gerechtigkeit« wiederhergestellt sehen, unterschiedliche Sprachen.

Eine deutsche Vertreterin der Amtskirche spricht in der Runde vom »Abknallen eines Menschen, den man anschließend irgendwo im Meer entsorgte«. Gerechtigkeit sehe anders aus, empört sich die Theologin.

Sechzig Prozent der Amerikaner sind laut Umfragen des Meinungsforschungsinstituts Gallup für die Todesstrafe. Sie gilt in 32 der 50 Bundesstaaten und wird dort regelmäßig vollstreckt, trotz der Erkenntnis, dass auch Unschuldige gar nicht so selten im Todestrakt sitzen.

Weltweit steigt die Zahl der Hinrichtungen und in

den USA wird hauptsächlich darüber diskutiert, welche Exekutionsmethode denn die humanere sei, wenn eine mal versagt hat.

Als Begründung dafür, warum einer sterben muss, der jemand getötet hat, hört man gerade in den bibeltreuen Südstaaten voller Überzeugung: »Auge um Auge, Zahn um Zahn«.

Im Alten Testament geht es manchmal schon sehr rau zu. Nur gut, dass Jesus uns zu dem Neuen Testament verholfen hat. Durch seinen Kreuzestod war dies möglich. Im neuen Testament steht die Liebe an erster Stelle. Im 2. Mose, Kapitel 21, lesen wir, u. a. über das Vergehen gegen Leib und Leben:

Wer einen Menschen schlägt, dass er stirbt, der soll des Todes sterben.

Hat er ihm aber nicht nachgestellt, sondern hat Gott es seiner Hand widerfahren lassen, so will ich dir einen Ort bestimmen, wohin er fliehen kann.

Wenn aber jemand an seinem Nächsten frevelt und ihn mit Hinterlist umbringt, so sollst du ihn von meinem Altar wegreißen, dass man ihn töte.

Wer Vater oder Mutter schlägt, der soll des Todes sterben.

Wer einen Menschen raubt, sei es, dass er ihn verkauft, sei es, dass man ihn bei ihm findet, der soll des Todes sterben.

Wer Vater oder Mutter flucht, der soll des Todes sterben.

Wenn Männer miteinander streiten und einer schlägt den anderen mit der Faust, dass er nicht stirbt, sondern zu Bett liegen muss und wieder aufkommt und ausgehen kann an seinem Stock, so soll der, der ihn schlug, nicht bestraft werden; er soll ihm aber bezahlen, was er versäumt hat, und das Arztgeld geben. Wer seinen Sklaven oder seine Sklavin schlägt mit einem Stock, dass sie unter seinen Händen sterben, der soll dafür bestraft werden.

Bleiben sie aber einen oder zwei Tage am Leben, so soll er nicht dafür bestraft werden; denn es ist sein Geld. Wenn Männer miteinander streiten und stoßen dabei eine schwangere Frau, so dass ihr die Frucht abgeht, ihr aber sonst kein Schaden widerfährt, so soll man ihn um Geld strafen, wieviel ihr Ehemann ihm auferlegt, und er soll's geben durch die Hand der Richter.

Entsteht ein dauernder Schaden, so sollst du geben Leben um Leben, Auge um Auge, Zahn um Zahn, Hand um Hand, Fuß um Fuß, Brandmal um Brandmal, Beule um Beule, Wunde um Wunde.

Wenn jemand seinen Sklaven oder seine Sklavin ins Auge schlägt und zerstört es, der soll sie freilassen um des Auges Willen. Desgleichen, wenn er seinem Sklaven oder seiner Sklavin einen Zahn ausschlägt, soll er sie freilassen um des Zahnes Willen.

Wenn ein Rind einen Mann oder eine Frau stößt, dass sie sterben, so soll man das Rind steinigen und sein Fleisch nicht essen; aber der Besitzer des Rindes soll nicht bestraft werde.

Ist aber das Rind zuvor stößig gewesen und seinem Besitzer war's bekannt und er hat das Rind verwahrt und es tötet nun einen Mann oder eine Frau, so soll man das Rind steinigen, und sein Besitzer soll sterben.

Will man ihm aber ein Lösegeld auferlegen, so soll er geben, was man ihm auferlegt, um sein Leben auszulösen.

Ebenso soll man mit ihm verfahren, wenn das

Rind einen Sohn oder eine Tochter stößt. Stößt es aber einen Sklaven oder eine Sklavin, so soll der Besitzer ihrem Herrn dreißig Lot Silber geben, und das Rind soll man steinigen.

Spruch 9:
Etwas ausposaunen
Matthäus, Kapitel 6, Vers 2

Vor einiger Zeit hat ein Pfarrer seine Gemeindemitglieder um Spenden gebeten mit den Worten: »Leert eure Geldbeutel, zeigt den anderen, was ihr macht und schaut nicht darauf, was ihr gebt.« Damit sprach er allerdings diejenigen an, die es sich leisten können, ihren Geldbeutel unbesehen zu leeren, weil sie wissen, dass dieser am nächsten Tag ohne jede Mühe wieder voll sein wird. Doch er übersah die arme Witwe, die voller Scham ihren letzten Cent in den Opferkasten gelegt hat, und dieses Opfer für sie doch so viel größer war, als die Silberstücke des eitlen Aufschneiders, der vor ihr zum Spenden gegangen war.

Hier wird Eitelkeit und Heuchelei thematisiert, das sind die großen Gefahren, in die auch ein fester gutgemeinter Glaube geraten kann. Jeder Euro, den wir für einen guten Zweck geben, trägt einen Keim der Selbsterlösung in sich. Dieses Opium, das unser Gewissen beruhigt, wenn wir Gutes tun und die Gottesdienste besuchen. Wenn wir Geld geben oder sonst Gutes tun, dann sollen wir den guten Zweck im Herzen haben und nicht das Lob, das wir von den anderen dafür erhalten. Wir sollten daher nicht ausposaunen, was wir wem geben.

Das Evangelium nach Matthäus ist das erste der vier Evangelien (Markus, Lukas und Johannes) und gleichzeitig das erste Buch des Neuen Testaments.

Früher glaubte man den Apostel Matthäus als Verfasser. Diese Vermutung ist nach heutiger Forschung nicht mehr haltbar.

Durch die vielen Gleichheiten mit dem Markus- und dem Lukasevangelium werden die drei Evangelien die Synoptischen Evangelien genannt.

Es beginnt mit dem Stammbaum Jesu, dessen Geburt, der Flucht und der Rückkehr aus Ägypten.

Darauf folgt die Bußpredigt Johannes des Täufers und Jesu Taufe, Jesu Versuchungen durch den Teufel, Jesu Beginn der Wirksamkeit in Galiläa.

Es geht weiter mit der Berufung der ersten Jünger und einiger Lehren Jesu.

In Kapitel 6 spricht Jesus dann vom Almosengeben, hier finden wir auch eines der nächsten Sprichwörter.

Dort ist zu lesen: »Habt acht auf eure Frömmigkeit, dass ihr die nicht übt vor den Leuten, um von ihnen gesehen zu werden; ihr habt sonst keinen Lohn bei eurem Vater im Himmel. Wenn du nun Almosen gibst, so sollst du es nicht vor dir ausposaunen lassen, wie es die Heuchler tun in den Synagogen und auf den Gassen, damit sie von den Leuten gepriesen werden. Wahrlich, ich sage euch, sie haben ihren Lohn schon gehabt. Wenn du aber Almosen gibst, so lass die linke Hand nicht wissen, was die rechte tut (dies ist ein eigenes Sprichwort), damit dein Almosen verborgen bleibe; und dein Vater der in das Verborgene sieht, wird dir's vergelten.«

Spruch 10:
Ein Dorn im Auge
4. Mose, Kapitel 33, Vers 50 ff

1981 soll im bosnischen Medjugorje sechs Kindern erstmalig die Muttergottes erschienen sein. Hunderttausende Gläubige pilgern seitdem Jahr für Jahr an diesen Ort. Der Ortsbischof glaubt nicht an die Marienerscheinungen von Medjugorje.

Papst Franziskus hatte den emeritierten Erzbischof von Warschau-Praga mit der Untersuchung der Ereignisse in Medjugorje beauftragt. Die Entscheidung über die Echtheit der Wunder von Medjugorje liegt allein beim Papst.

Seit 1981 soll die Gottesmutter dort nach Angaben der Diözese rund 47.000 weitere Male vor Gläubigen erschienen sein. Der Beauftragte des Papstes hatte bereits eine kirchliche Anerkennung der ersten dieser Wunder in Aussicht gestellt.

Doch der Bischof verweigert dem Ort die offizielle Anerkennung als Wallfahrtsort. Auch der Vatikan steht den angeblichen Erscheinungen nach wie vor skeptisch gegenüber.

Bereits 2010 hatte Papst Benedikt XVI. eine Untersuchungskommission eingesetzt. Diese hatte im Jahr 2014 Papst Franziskus ihren nichtöffentlichen Bericht vorgelegt. Eine Entscheidung des Papstes steht noch aus. Dem für Medjugorje zuständigen Ortsbischof ist die Wallfahrt ein Dorn im Auge.

Das 4. Buch Mose (Numeri) ist das vierte Buch des Alten Testaments. Hier geht es um das Volk Israel in der Wüste.

Ab Kapitel 33, Vers 50 lesen wir, wie der Herr gegenüber Jericho mit Mose geredet hatte:

»Gott sagte ihm, dass er mit den Israeliten sprechen solle, wenn sie über den Jordan in das Land Kanaan gegangen seien. Dort sollten sie die Bewohner vor sich hertreiben und alle ihre Götzenbilder und all ihre gegossenen Bilder zerstören und alle ihre Opferhöhen vertilgen. Sie sollten das Land einnehmen und darin wohnen. Durch Los sollten sie das Land unter ihnen austeilen. Sollten sie aber die Bewohner des Landes nicht vor sich hertreiben, würden ihnen die, die sie übrig ließen zu Dornen in euren Augen und zu Stacheln in euren Seiten und sie würden sie bedrängen in dem Land, in dem sie wohnten. So wird´s dann geschehen, dass ich euch tun werde, wie ich gedachte, ihnen zu tun.«

Spruch 11:
a) Der Mensch denkt und Gott lenkt
Sprüche, Kapitel 16, Vers 9
b) Hochmut kommt vor dem Fall
Sprüche, Kapitel 16, Vers 18
c) Wer anderen eine Grube gräbt, fällt selbst hinein
Sprüche, Kapitel 26, Vers 27

Pater Leonhard hatte mit 25 Jahren wie andere von einem bürgerlichen Glück »mit Frau und Kindern und Häuschen« geträumt. Doch dann war er über einen amerikanischen Geschäftsmann, der ausgestiegen war und sein Leben Jesus und der Verkündigung gewidmet hatte, zum Schluss gekommen, seine Ersparnisse zu verschenken. Er widmete sein Leben Jesus Christus und pflegte zu jedem zu sagen, der ihn darauf ansprach: »Der Mensch denkt und Gott lenkt«.

»Hochmut kommt vor dem Fall!«, so kommentierte ein Sportreporter das frühe Ausscheiden der deutschen Mannschaft in der Vorrunde der Weltmeisterschaft 2018 in Russland. Er kritisierte, dass das Team als amtierender Weltmeister mit gewisser Arroganz angetreten war, um seinen Titel zu verteidigen, statt als eines von vielen Teams ohne Erwartungen und Vorschusslorbeeren, auf die sich einige verlassen hatten. Ein Ausscheiden hatte keiner der Verantwortlichen auf seinem Zettel stehen.

1995 wurde in der Moskauer Olympiahalle das Halbfinale im Tennis-Daviscup zwischen Deutschland und Russland gespielt. Schon gleich zu Beginn erwartete das Team um Kapitän Pilic eine negative Überraschung. Die Auftaktpartie zwischen Boris Becker und

Chesnokov konnte nicht rechtzeitig begonnen werden. Der Sandplatz, auf dem sich die Russen die besten Chancen ausgerechnet haben, war völlig durchnässt, da die Sprenganlagen in der Nacht »versehentlich« die ganze Nacht über laufen gelassen wurden.

Die Russen hatten vor, den schon vorher langsamen Platz noch um einiges langsamer zu machen, um die beiden Offensivspieler Becker und Stich auszubremsen. Nachdem die Russen augenscheinlich versuchten, den Platz mit kleinen Fönen trocken zu bekommen, ging die Partie mit einstündiger Verspätung schließlich los.

Der Plan der Russen schien zunächst aufzugehen. Becker, der im Davis Cup immer in Hochform war und zu diesem Zeitpunkt eine Bilanz von 35:3-Einzelsiegen vorzuweisen hat, kam mit den Bedingungen auf dem »schlimmsten Acker, auf dem er je gespielt habe« überhaupt nicht zurecht. Doch er rang nach nervenaufreibenden 3:38 Stunden Chesnokov mit 6:7 (4), 6:3, 7:6 (3), 7:5 nieder und sorgte für die 1:0-Führung für Deutschland, obwohl der Platz ihn an »Joggen am Strand« erinnerte, wie er später kommentierte.

Stich spielte dann gegen seinen »Angstgegner« Kafelnikov groß auf und bügelte den Russen in nur 2:13 Stunden mit 6:1, 4:6, 6:3, 6:4 weg. Es stand damit 2:0 für Deutschland und die Russen fielen in ihre eigene »nasse Grube« des Sandplatzes, die sie für die Deutschen gruben.

Das Buch der Sprüche Salomos (Sprichwörter) folgt gleich auf das Buch der Psalmen, in dem wir den wohl berühmtesten der Psalmen, den Psalm 23, finden.

Im Alten Testament gehören die Sprüche Salomos zur Dichtung und Weisheitsliteratur.

Hier finden wir sehr viele Sprichwörter, die wir auch heute noch im täglichen Gebrauch benutzen:

Der Mensch denkt und Gott lenkt (Sprüche, Kapitel 16, Vers 9).

Hochmut kommt vor dem Fall (Sprüche, Kapitel 16, Vers 18),

Wer andern eine Gruben gräbt, fällt selbst hinein (Sprüche, Kapitel 26, Vers 27).

Das Buch der Sprüche beginnt in Kapitel mit den Worten:

Dies sind die Sprüche Salomos, des Sohnes Davids, des Königs von Israel, um zu lernen Weisheit und Zucht und zu verständigen Rede, dass man annehme Zucht, die da klug macht, Gerechtigkeit, Recht und Redlichkeit; dass die Unverständigen klug werden und die Jünglinge vernünftig und besonnen.

Wer weise ist, der höre zu und wachse an Weisheit, und wer verständig ist, der lasse sich raten, dass er verstehe Sprüche und Gleichnisse, die Worte der Weisen und ihre Rätsel.

Die Furcht des Herrn ist der Anfang der Erkenntnis. Die Toren verachten Weisheit und Zucht.

Spruch 12:
Der Auszug aus Ägypten
2. Mose, Kapitel 1 - 12

Die Buchungen für den Sommer auf Lesbos lagen diesmal sechzig Prozent hinter letztem Jahr. Viele Gäste kamen nicht, weil sie sich im Urlaub nicht schuldig fühlen möchten, wenn um sie herum Menschen leiden. Auf ihrem Weg vom Flughafen der griechischen Insel zu ihrem Hotel konnten sie die jungen Männer sehen, manchmal auch Frauen und Kinder, die in Gruppen neben der Straße liefen. Die meisten kamen aus dem Abschiebelager Moria, einem Dorf in den Bergen, das nördlich von Mytilini liegt. Sie warteten auf die Bearbeitung ihrer Asylanträge. Erst nach 25 Tagen Haft dürfen sie sich mit Passierschein tagsüber frei auf der Insel bewegen.

Rund 4300 Flüchtlinge gingen am Meer spazieren oder besuchten die Altstadt von Mytilini. Als die Flüchtlingswelle losbrach, war sofort eine Helfergemeinschaft von Hoteliers zur Stelle. Die Touristen blieben jedoch fern. Nur für die Hotels in der Hauptstadt Mytilini, liefen die Geschäfte noch.

Ein Hotelier sagte zu einem Reporter, der ihn zu der Flüchtlingswelle befragte: »Es kam mir vor wie der Auszug aus Ägypten, es war sehr bewegend, all die Mütter mit ihren Kindern zu sehen und zu denken, dass ich es genauso machen würde, wenn bei uns Krieg herrschen würde.«

Wie bereits bei dem Sprichwort »Das Land, wo Milch und Honig fließt« (2. Mose Kapitel 3, Verse 8 + 17) erläutert, ist das 2. Buch Mose, griechisch »Exodus« genannt, das zweite Buch des Alten Testaments und gleichzeitig das zweite Buch der Bibel. Der griechische Name Exodus leitet sich von »Auszug« ab, hier ist der Auszug der Israeliten und der dortigen Sklaverei gemeint.

Zentrales Thema des Buches ist der Bund Gottes mit dem Volk Israel.

Es beginnt mit (1 Kapitel - 12 Kapitel) Israels Bedrückung in Ägypten, Moses Geburt und wunderbare Errettung und seiner Flucht nach Midian, Moses Berufung und seiner Rückkehr nach Ägypten, noch härterer Bedrückung Israels, der erneute Bericht über Moses Sendung und über die Vorfahren Moses und Aarons, Moses erstes Wunder vor dem Pharao und der ersten bis zehnten Plage.

Nun wird über die Einsetzung des Passafestes und des Sterbens der Erstgeburt Ägyptens berichtet.

Dann kommt Der Auszug aus Ägypten. Dort ist zu lesen: Und zur Mitternacht schlug der Herr alle Erstgeburt in Ägyptenland vom ersten Sohn des Pharao an, der auf seinem Thron saß, bis zu ersten Sohn des Gefangenen im Gefängnis und alle Erstgeburt des Viehs.

Da stand der Pharao auf in derselben Nacht und alle seine Großen und alle Ägypter, und es ward ein großes Geschrei in Ägypten: denn es war kein Haus, in dem nicht ein Toter war.

Und er ließ Mose und Aaron rufen in der Nacht und sprach. Macht euch auf und ziehet weg aus meinem Volk, ihr und die Israeliten. Geht hin und dient dem Herrn, wie ihr gesagt habt.

Nehmt auch mit euch eure Schafe und Rinder, wie ihr gesagt habt. Geht hin und bittet auch um Segen für mich.

Und die Ägypter drängten das Volk und trieben es

eilends aus dem Lande; denn sie sprachen: Wir sind alle des Todes.

Und das Volk trug den rohen Teig, ehe er durchsäuert war, ihre Backschüssel in ihre Mäntel gewickelt, auf ihren Schultern.

Und die Israeliten hatten getan, wie Mose gesagt hatte, und hatten sich von den Ägyptern silbernes und goldenes Geschmeide und Kleider geben lassen.

Dazu hatte der Herr dem Volk Gunst verschafft bei den Ägyptern, dass sie ihnen willfährig waren, und so nahmen sie es von den Ägyptern zur Beute.

Also zogen die Israeliten aus von Ramses nach Sukkot, sechshunderttausend Mann zu Fuß ohne die Frauen und Kinder.

Und es zog auch mit ihnen viel fremdes Volk, dazu Schafe und Rinder, sehr viel Vieh.

Und sie backten aus dem rohen Teig, den sie aus Ägypten mitbrachten, ungesäuerte Brote; denn er war nicht gesäuert, weil sie aus Ägypten weggetrieben wurden und sich nicht länger aufhalten konnten und keine Wegzehrung zubereitet hatten.

Die Zeit aber, die die Israeliten in Ägypten gewohnt haben, ist vierhundertunddreisig Jahre.

Als diese um waren, an eben diesem Tage zog das ganze Heer des Herrn aus Ägyptenland.

Eine Nacht des Wachens war dies für den Herrn, um sie aus Ägyptenland zu führen; darum sollen die Israeliten diese Nacht dem Herrn zu Ehren wachen, sie und ihre Nachkommen.

Und der Herr sprach zu Mose und Aaron: »Dies ist die Ordnung für das Passa: Kein Ausländer soll davon essen.

Ist er ein gekaufter Sklave, so beschneide man ihn; dann darf er davon essen.

Ist er aber ein Beisasse oder Tagelöhner, so darf er nicht davon essen.

In einem Hause soll man es verzehren; ihr sollt nichts von seinem Fleisch hinaus vor das Haus tragen und sollt keinen Knochen an ihm zerbrechen.

Die ganze Gemeinde Israel soll das tun.

Wenn ein Fremdling bei dir wohnt und dem Herrn das Passa halten will, der beschneide alles, was männlich ist; alsdann trete er herzu, dass er es halte, und er sei wie ein Einheimischer des Landes. Aber ein Unbeschnittener darf nicht davon essen.

Ein und dasselbe Gesetz gelte für den Einheimischen und den Fremdling, der unter euch wohnt.«

Und alle Israeliten taten, wie der Herr es Mose und Aaron geboten hatte.

An eben diesem Tag führte der Herr die Israeliten aus Ägyptenland, Schar um Schar.

Kapitel 2
Christliche Gedichte

Gedicht 1:
Die wahre Liebe
nach 1. Korinther, Kapitel 13, Vers 4 - 8

Die wahre Liebe hat kein Ende.
Sie baut zwischen sich keine Mauern und Wände.
Die wahre Liebe wird alles ertragen,
stellt keine Bedingungen und auch keine Fragen.
Die wahre Liebe wird alles verzeih´n
und niemals unversöhnlich sein.
Die wahre Liebe ist langmütig und freundlich.
Sie eifert nicht und benimmt sich.
Die wahre Liebe treibt nicht Mutwillen.
Sie bläht sich nicht auf,
nimmt fast alles in kauf.
Die wahre Liebe verhält sich nicht ungehörig.
Sie sucht nicht das ihre und stört nicht.
Die wahre Liebe lässt sich nicht erbitten,
sie rechnet das Böse nicht zu,
sagt niemals »ich«, sondern immer nur »du«.
Die wahre Liebe freut sich nicht über Ungerechtigkeit.
Sie freut sich an der Wahrheit.
Die Liebe glaubt, hofft und duldet alles.
Sie hört niemals auf,
nimmt allein ihren Lauf.
So danken wir Dir, Herr Jesus Christ,
dass Du die einzige und wahre Liebe bist!

Gedicht 2:
Du wirkst in mir

Mein Herr und Gott, Du wirkst in mir.
Von ganzem Herzen dank ich Dir.
Wenn ich es manchmal auch nicht spüre,
so öffnest Du doch jede Türe.
Dann bin ich umgeben von Deinem Licht,
dass das Dunkel in mir durchbricht.
Du durchdringst meine Seele, wirkst überall,
Deine Liebe erfüllt mich mit Überschall.
Egal wo ich gehe, egal wo ich stehe,
Du hilfst, dass ich immer auf dein Kreuz sehe.
Hilf mir stets mit Dir verbunden zu bleiben
und niemals mehr von Dir wegzutreiben.

Gedicht 3:
Was Gott für mich ist

Als kleines Kind war Gott für mich
ein alter Mann mit Bart.
Und wenn es blitzte und donnerte,
da hat man mir gesagt:
»Der Himmelvater schimpft mal wieder
und schickt zur Erde Blitze nieder.«
Ich war beeindruckt, hatte Respekt
und schlüpfte manchmal in ein Versteck.
Doch als ich später größer wurde
und Gott als liebenden Vater sah,
wWar alle Angst und Schrecken weg.
Mein Bild von ihm war plötzlich klar.
Nun weiß ich: Gott ist die wahre Liebe,
egal was andere von ihm sagen.
Er hört mir immer wieder zu,
wenn Sorgen an mir nagen.
D´rum dank ich Dir für deine Gnade,
die jeden Tag aufs Neue ist.
Ich kann gewiss und sicher sein,
dass Du mich nicht vergisst.

Gedicht 4:
Du bist Gottes Sohn

Du brauchst keinen irdischen Tempel,
Du brauchst keinen irdischen Dom,
Du wohnst in Deinem Glauben,
denn Du bist Gottes Sohn.
Du hast eine ewige Liebe,
Du sitzt auf dem ewigen Thron,
Du wohnst in Deinem Glauben,
denn Du bist Gottes Sohn.
Durch Dich haben wir Erlösung,
bekommen unseren Lohn,
Du wohnst in Deinem Glauben,
denn Du bist Gottes Sohn.

Gedicht 5:
Gott, wir danken Dir

Du schenkst uns unser täglich Brot,
bewahrst uns vor der größten Not.
Dein Wort ist unsres Fußes Leuchte,
wie jeden Tag auch heute.
Die Welt, sie dreht sich stets im Kreis,
gibt Deine Gnad´ und Güte preis.
Wir wollen nur auf Dich, Gott, seh´n,
auch heute auf die Knie geh´n.
Du hilfst uns auch durch diesen Tag,
nichts uns von Dir zu trennen mag.
So nimm denn uns´ren Lobpreis hin,
wir danken Dir auch weiterhin.
Denn Jesus, Du bist Gottes Sohn
und sitzt zur rechten auf dem Thron.
Du gabst für uns Dein kostbar Blut,
hab Dank dafür, Du Herr und Gott.

Gedicht 6:
Du bist unser Herr und Gott

Du behütest uns bei Tag und Nacht,
bist der gute Hirte, der über uns wacht.
Durch Deine Gnade sind wir reich.
Vor Deinem Thron sind alle gleich.
Sei unser Schutz wenn alles bricht
und leuchte uns mit Deinem Licht.
Dann kann uns keine Macht bezwingen,
Du wohnst in uns´rem Herze drinnen.
Du bist unser Herr und Gott.
Wir vertrauen Dir in aller Not.

Gedicht 7:
Deine Gnade

In Deine Hand,Du großer Gott,
befehlen wir uns in der Not.
Dann können wir ganz sicher sein,
Du lässt uns niemals allein.
Wenn ein Sturm uns auch stark bedroht,
stillst Du ihn auch wieder schon.
Denn Deine Kraft ist mächtig, Herr,
wir lieben und verehr´n Dich sehr.
Wenn nichts und niemand helfen kann,
dort fängt Deine Gnade an.
Die Gnade, die uns stets umgibt,
sie bringt uns immer wieder Sieg.

Gedicht 8:
In Deinem Schutz

Wo komm ich her und wo geh ich hin?
Macht dieses Leben wirklich einen Sinn?
Das hab ich mich oft gefragt.
Dann lernte ich Dich kennen
und darf Dich jetzt in Ewigkeit,
Gott, Vater und Herr nennen.
Du gibst mir täglich neuen Mut,
wenn Berge vor mir stehen.
Dann führst Du mich an Deiner Hand
und ich kann sicher gehen.
In Deinem Schutz kann nichts passieren,
denn Du bist Schutz und Hort.
Darum preis ich Dich in Ewigkeit,
Du Vater, Sohn und Gott.

Gedicht 9:
Wir wollen immer dankbar sein

Das Universum zeugt von Dir,
o Herr, wir danken Dir dafür.
Du hast die Erde gut gemacht
und alles, was darauf, geschafft.
Das Meer, die Berge und das Land,
geschaffen durch die eine Hand,
die täglich unser Brot uns gibt,
bedingungslos uns immer liebt.
Wir wollen immer dankbar sein
und halten unser Herzen rein,
damit Du darin wohnen kannst
und mit uns Freudentänze tanzt.
Wenn wir dann einst mit Dir regieren,
können wir niemals verlieren.
Denn Du bist Vater, Sohn und Geist,
der ew´ges Leben uns verheißt.

Gedicht 10:
Du lässt mich nie allein

Ich steh vor Dir und preise Dich,
mein Herr und Heiland Jesus Christ.
Was Du für mich am Kreuz getan,
erinnert täglich mich daran,
dass Du Dein Blut für mich vergossen,
wie Tränen von dem Kreuze flossen.
Durch Deine Liebe kann ich leben
und nach dem Ziel, dem Einen, streben,
einmal in Deinem Arm zu sein.
Denn Du, Du lässt mich nie allein.

Gedicht 11:
Du bist unser Mittelpunkt

Danke, Herr Jesus Christus,
für Deine Gegenwart.
Dich wollen wir loben und preisen,
jeden Tag neu.
Du bist unser Mittelpunkt
im täglichen Leben.
So wollen wir auch weiterhin
uns Dir allein hingeben.
Herr, in Dir geborgen,
lassen wir den Sturm vorüberziehen,
wenn alle finst´ren Mächte
vor Dir in Panik fliehen.
Dann sind wir ruhig und sicher
in Deiner starken Hand.
Du führst uns immer sicher,
in das verheiß´ne Land.
D´rum danken wir Dir Herr,
für Deine große Gnade,
die Du uns täglich gibst
an jedem neuen Tage.

Gedicht 12:
Wenn wir Dich einst sehen

In Deinem Licht und Glanze
stehen wir vor Dir.
Wir loben und wir preisen Dich,
Du wunderbarer Herr.
Du bist Gott und Majestät
und sitzt auf Deinem Thron.
Die heilige Dreifaltigkeit,
Gott, Heil´ger Geist und Sohn.
Wenn wir Dich einst sehen
in Deiner Herrlichkeit,
Herr, das wird ein Freudentanz.
Kein Leid mehr weit und breit.
Dann können wir beruhigt
und immer sicher sein,
Du stehst uns stets zur Seite,
lässt uns niemals allein.

Kapitel 3
Christliche Gebete
für verschiedene Anlässe

Gebet 1:
Gebet nach Psalm 1

Herr, ich möchte nicht unter
den gottlosen Menschen sein,
noch auf dem Weg der Sünder gehen
und nicht sitzen, wo die Spötter sitzen,
sondern Deine Gesetze befolgen
und Freude an ihnen haben
und Tag und Nacht über sie nachdenken.
Mach mich wie einen Baum,
gepflanzt an der Wasserfläche,
der seine Frucht bringt zu seiner Zeit
und dessen Blätter nicht wehen.
Und was ich mache soll wohl geraten.
Die Gottlosen sind so aber nicht,
sondern sie sind wie Spreu, die der Wind verstreut.
Darum werden die Gottlosen
nicht im Gericht bestehen,
noch die Sünder in der Gemeinde der Gerechten.
Denn der Herr kennt den Weg der Gerechten,
aber der Gottlosen Weg vergeht.
Bitte, Herr, hilf mir,
auf dem Weg der Gerechten zu wandeln
und nicht auf der Straße der Sünde zu gehen.

Amen

Gebet 2:
Dankgebet Gnade

Danke, Herr, dass du in mir wohnst.
Ich bete Dich aus tiefstem Herzen an
und danke Dir dafür.
Wenn Du meine Seele berührst,
erstrahlt Dein Licht in mir und fängt an
in Deinem göttlichen Feuer der Gnade zu glühen.
Deine Gnade ist wie ein wärmender Sonnenstrahl.
Ich kann sie nicht sehen, aber ich fühle, dass sie da ist.
Manchmal habe ich es gespürt,
in gewissen Situationen,
dass Du dicht an meiner Seite stehst.
Und dann habe ich gemerkt, Dass Du in mir lebst.
Für diese Augenblicke der inneren Freude
danke ich Dir von ganzen Herzen
und aus tiefster Seele.

Amen

Gebet 3:
Du bist der Weg

Ich bitte Dich, Herr, erhöre meine Gebete
und stille meinen Hunger
nach Deiner Gerechtigkeit und Gnade.
Lass mich Deine Herrlichkeit und Güte spüren.
Du bist die Urquelle des Lichts und der Wahrheit.
Mach´ mich rein und heilig für das ewige Leben,
das ich nur durch Dich erlangen kann.
Du bist der Weg, die Wahrheit und das Leben,
niemand kommt zum Vater, als nur durch Dich.
Wir können sicher sein,
dass Du uns in die Gemeinschaft mit Dir aufnehmen
und unsere Namen
ins Buch des Lebens schreiben wirst.
Danke Dir dafür, Herr Jesus Christus.

Amen

Gebet 4:
Dankgebet

Danke, Herr Jesus Christus,
dass wir in dieser Welt nicht alleine stehen.
Danke, dass Du in unserer Mitte bist
und wir uns Deine Kinder nennen dürfen.
Danke, dass Du uns umgibst,
wie die Luft, die wir zum Atmen brauchen.
Danke, dass Du den Weg mit uns gehst
und wir Deine Freundschaft haben.
Danke, dass Du weißt,
was wir brauchen und es uns gibst.

Amen.

Gebet 5:
Heiliger Geist

Danke, Heiliger Geist, dass Du in mir
das Feuer Deiner Liebe entzündet hast.
Dringe immer tiefer in meine Seele ein
und brenne Dich fest.
Löse das, was in mir verhärtet,
und wärme das, was erkaltet ist.
Treibe mich an
und lass mich immer Deine Kraft spüren.
Erinnere mich immer
an Dein Gesetz der Liebe,
damit ich gegenüber meinen Mitmenschen
nicht ungerecht werde.
Ermuntere mich, wenn ich träge,
stärke mich, wenn ich schwach bin.
Erleuchte mich,
wenn ich mir nicht mehr zu helfen weiß.

Amen

Gebet 6:
Dankgebet

Vater im Himmel, ich danke Dir,
dass ich immer und überall zu Dir kommen kann.
Dass Du nie zu weit weg bist,
um mich an Dich zu wenden.
Danke, dass Du durch Deinen Sohn Jesus Christus
den Weg zu Dir für immer freigemacht hast.
Danke, dass ich meine Sorgen, Nöte und Ängste
immer vor Dir ausbreiten kann.
Nichts ist zu klein oder zu unwichtig für Dich.
Danke, dass ich die Gewissheit habe,
dass Du mir immer zuhörst.
Im Namen Deines Sohnes Jesus Christus
danke ich Dir dafür.

Amen

Gebet 7:
Gebet um Frieden

Herr Jesus Christus,
ich bitte Dich um Frieden.
Um Frieden für die Welt,
Um Frieden in den Familien und Beziehungen
die wir haben,
um Frieden in mir.
Nur Du kannst diesen Frieden geben
und uns mit ihm erfüllen.
Wenn ich Angst habe,
schützt mich Deine Hand.
Wenn ich strauchle,
führst Du mich auf den rechten Weg.
Und wenn ich nicht mehr weiter weiß,
bist Du das Licht im Dunkeln.
Du bist der Einzige, der Frieden schaffen kann.
Gib uns bitte Deinen Frieden, Herr.

Amen

Gebet 8:
Du gibst Gnade und Hilfe

Herr, reinige meine Lippen und mein Herz,
damit aus meinem Munde nichts Schlechtes kommt.
Zügle meine Zunge.
Sie ist ein Organ,
mit dem man großen Schaden anrichten kann.
Kontrolliere meine Gedanken,
damit sie vor Dir bestehen können.
Dein Wort ist wie frisches Wasser,
dass die Natur belebt
und Du erquickst mich Tag für Tag.
Lass mich zu Dir aufschauen
und beschenke mich mit Deinem Segen.
Du gibst Gnade und Hilfe,
auf die wir immer vertrauen können.
Hab Dank dafür, Herr Jesus Christus.

Amen

Gebet 9:
Gebet nach Psalm 18
Dank des Königs für Rettung und Sieg

Herzlich lieb hab ich Dich,
Herr, meine Stärke.
Herr, mein Fels,
meine Burg, mein Erretter,
mein Gott, mein Hort,
auf den ich traue,
mein Schild und Berg
meines Heiles und mein Schutz.

Amen

Gebet 10:
Wir danken Dir für Deine Liebe

Herr Jesus Christus,
Du hast uns teuer erkauft
mit Deinem Blut.
Du bist das Lamm Gottes,
das für uns dahingegen wurde.
Wir danken Dir für Deine Liebe
und Deine täglich neue Gnade.
Du bist bei uns,
egal was auch passiert.
Du behütest uns bei Tag und Nacht,
Du bist der gute Hirte.
Dir wollen wir unser Leben anvertrauen,
bis in alle Ewigkeit.

Amen

Gebet 11:
Dankgebet

Danke, Vater im Himmel,
dass Du ein liebender
und kein strafender Gott bist.
Danke, Herr Jesus Christus,
dass Du Gottes Sohn,
und nicht irgendein Guru bist.
Danke, Heiliger Geist,
dass Du schon in denen wohnst,
die die Taufe empfangen haben.
Danke, dass das alles nur einer Entscheidung bedarf.

Amen

Gebet 12:
nach Daniel, Kapitel 2

Gelobet sei der Name Gottes
von Ewigkeit zu Ewigkeit,
denn ihm gehören Weisheit und Stärke.
Er ändert Zeit und Stunde,
er setzt Könige ab
und setzt Könige ein.
Er gibt den Weisen ihre Weisheit
und den Verständigen ihren Verstand.
Er offenbart, was tief und verborgen ist;
er weiß, was in der Finsternis liegt,
denn bei ihm ist lauter Licht.
Ich danke dir und lobe dich,
Gott meiner Väter,
dass du mir Weisheit und Stärke
verliehen hast
und jetzt offenbart hast,
was wir von dir erbeten haben,
denn Du hast uns des Königs Sache offenbart.

Amen

Die ersten beiden Bände **Ursprung Bibel** enthalten jeweils weitere 12 Sprüche, Gedichte und Gebete.

Sie sind im Buchhandel unter der ISBN 978-3738613643 (Band 1) und 978-3739209548 (Band 2) erhältlich.

Vom Team Mike Almara ist ein biografischer Roman unter dem Titel **Diagnose Seelenkrebs** erschienen.

Dieser Band ist im Buchhandel unter der ISBN 978-3739213828 erhältlich.

Desweiteren ist noch ein Kurzgeschichtenband unter dem Titel **Bunte Geschichten** erschienen.

Dieser Band ist im Buchhandel unter der ISBN 978-3752858655 erhältlich.